# 走遍世界

# 很简单

ZOUBIAN SHIJIE HENJIANDAN

## 秘鲁大探秘

MILU DATANMI

知识达人 编著

成都地图出版社

**图书在版编目（CIP）数据**

秘鲁大探秘 / 知识达人编著 . — 成都 : 成都地图
出版社，2017.1（2021.10 重印）
（走遍世界很简单）
ISBN 978-7-5557-0281-8

Ⅰ . ①秘… Ⅱ . ①知… Ⅲ . ①秘鲁—概况 Ⅳ .
① K977.8

中国版本图书馆 CIP 数据核字 (2016) 第 082722 号

**走遍世界很简单——秘鲁大探秘**

责任编辑：张　　忠

封面设计：纸上魔方

出版发行：成都地图出版社

地　　址：成都市龙泉驿区建设路 2 号

邮政编码：610100

电　　话：028 - 84884826（营销部）

传　　真：028 - 84884820

印　　刷：唐山富达印务有限公司

（如发现印装质量问题，影响阅读，请与印刷厂商联系调换）

开　　本：710mm×1000mm　1/16

印　　张：8　　　　　　字　　数：160 千字

版　　次：2017 年 1 月第 1 版　　印　　次：2021 年 10 月第 4 次印刷

书　　号：ISBN 978-7-5557-0281-8

定　　价：38.00 元

# 前　言

　　美丽的大千世界带给我们无限精彩的同时，也让我们产生很多疑问：世界上到底有多少个国家？美国到底在什么地方？为什么奥地利有那么多知名的音乐家？为什么丹麦被称为"童话之乡"？……相信这些问题经常会萦绕在小读者的脑海中。

　　为了解答这些问题，我们精心编写了这套《走遍世界很简单》系列丛书，里面蕴含了世界各国丰富的自然、地理、历史以及人文等社会科学知识，充满了趣味性和可读性，力求让小读者掌握最全面、最准确的知识。

　　本系列丛书人物对话生动有趣，文字浅显易懂，并配有精美的插图，是一套能开拓孩子视野、帮助孩子增长知识的丛书。现在，就让我们打开这套丛书，开始奇特的环球旅行吧！

**路易斯大叔**

美国人，是位不折不扣的旅行家、探险家和地理学家，足迹遍布全世界。

**多多**

10岁的美国男孩，聪明、活泼好动、古灵精怪，对一切事物都充满好奇。

**米娜**

10岁的中国女孩，爸爸是美国人，妈妈是中国人，从小生活在中国，文静可爱，梦想多多。

# 目 录

# 目 录

　　一段时间的旅行之后，路易斯大叔、多多和米娜都有些累了。在旅游完一个热带城市，即将赶往下一个旅游地的前几天，米娜竟然病倒了。她头痛、恶心，吃不下东西。一开始，路易斯大叔以为她太累了，便让她多休息一下。可是，后来她竟然感到非常冷，要知道，这是在热带城市，感到冷是很不正常的。很快，她又感到很热，即使把空调开到最低温度了，还是感到很热。路易斯大叔给她量了一下体温，竟然达到39℃。米娜发烧了。

路易斯大叔赶紧把米娜送到附近的医院。在路上，米娜担心地想，假如自己在异国他乡病倒了，看病要花很多钱，到那时该怎么办呢？想到这里，米娜竟然难过地流下了眼泪。多多看到米娜哭了，便又唱又跳，又做鬼脸又说笑话，极力逗她开心。

　　到了医院，医生询问了米娜的病情，量了一下体温，便给她开了药，简单得有些超乎米娜的意料。医生看她怀疑的样子，笑着说："放心吧，这种药是专门治你的病的，非常有效。当然，还要注意休息和卫生，不要太疲劳。"

　　回到住处，米娜按医生的要求服了药。路易斯大叔精心地照顾她，多多则想尽一切办法逗她开心。米娜吃了几次药后，病渐渐好了

起来，又变得像以前那样活蹦乱跳的了。不过米娜吃的药引起了多多的好奇："这是什么药，这么神奇？"他询问路易斯大叔。

路易斯大叔拿起装药的盒子看了看，说："这是奎宁，是专门治疗疟疾的特效药。"

"奎宁，是用金鸡纳制造出来的吧？"

"对，你真聪明，就是用这种植物制造的。看来米娜是被雌蚊子咬了，传染上了疟疾。"

米娜听到"金鸡纳"三个字，高兴地说："啊，我知道我们下一个地方该去哪里了。我知道有一个国家的国徽上有金鸡纳树……"

"等等，让我们猜猜。"路易斯大叔打断米娜。随后，他们三个

人异口同声地说："秘鲁！"

　　好奇心强的多多立刻开始上网查找秘鲁的有关资料，并随时将最新的发现告诉米娜。因为米娜刚刚病愈，还需要休息几天。路易斯大叔趁这个时间负责帮他们办理护照、购买机票等相关事项。多多发现，秘鲁是个很有特点的国度，秘鲁国徽上的金鸡纳树代表这个国家有丰富的植物资源，上面的南美骆马象征这个国家有丰富的动物资源，下面的羊角则表示丰富的自然资源和矿产资源。有趣的是，从地图上看，这个国家的形状就像一只耸着双耳蹲坐的美洲豹。

　　而纳斯卡地画等传说，更让多多和米娜极其向往，他们已经有点儿迫不及待地要飞往这个神秘的国度了。

# 第1章
# "黄金之国" 的悲伤

　　飞机降落在秘鲁的首都利马，一下飞机，多多就兴奋地喊道："路易斯大叔，咱们现在就去'黄金博物馆'吧！"米娜也非常赞同多多的建议。原来在来秘鲁之前，路易斯大叔就告诉多多和米娜：秘鲁历史上的古印加王朝拥有多得惊人的黄金，

就连印加人的生活用品也大多是由黄金打造的，所以古印加王朝号称是"黄金之国"。多多和米娜对装满黄金制品的黄金博物馆非常好奇且向往，所以顾不上旅途劳累，迫不及待地要去参观。

"好，咱们现在就去。"路易斯大叔笑道，"你们两个小财迷，到时可别看花了眼。"

他们乘车来到利马近郊的黄金博物馆。看到这个博物馆，多多和米娜都不禁疑惑起来。在他们的印象中，博物馆都是人来人往、热闹非凡，但这个博物馆非常安静，而且高墙环绕。它建立在一大片土地上面，周围绿草茵茵，后面有山、有房，大门口壁垒森严，里面也是戒备森严，感觉更像是领事馆或大使馆。

走进博物馆的一层，只见橱窗里摆放着琳琅满目、金灿灿的黄金制品，有各种碗、杯子、罐等生活用品，有耳环、鼻环、项链等首饰，还有用金片绣成的衣服、黄金手套……多多和米娜果然如路易斯大叔所说，都看花眼了。

　　最特别的是，他们看到了博物馆的镇馆之宝——一个用黄金雕塑成的印加神，头戴王冠，脚下踩着刀形的东西。这是黄金博物馆的第一藏品，也是全秘鲁唯一一件印加神的黄金真品。

　　向导自豪地告诉他们：在400多年前，印加人开采了大量金矿，他们不仅用金子打造饰品，而且还用大量的金子装饰都城里的宫殿和神庙。可想而知，当时的印加王朝是怎样的富有和强盛。

　　到了博物馆的二层，他们吃惊地发现里面收藏的不是黄金制品，而是西班牙16世纪时的各式各样的武器，有刀具、头盔、盔甲、大炮、长枪等，很多武器上还雕刻着精美的花纹。

多多好奇地说：

"咦，这不是黄金博物馆吗，怎么还收藏了这么多武器？"

向导的语气变得十分沉重："大量的黄金将印加王朝推向了鼎盛，也引来了贪婪的西班牙殖民者。1532年，100多个西班牙人在弗朗西斯科·皮萨罗的带领下，带着印加人从没见过的武器侵入秘鲁。他们运用阴谋诡计，竟然很快就征服了拥有600万人口的印加帝国，并掠夺了印加人的所有财富。从此，繁盛而辉煌的印加王朝变得一片荒凉。从那时起，西班牙人开始用

'秘鲁'这个名字称呼这里。"

多多和米娜听了向导的话，也变得伤心起来。路易斯大叔见了，忙岔开话题说："你们可能不知道，秘鲁这个名字的由来还有好几种说法呢！"

多多和米娜的注意力果然一下子就被转移了，好奇地追问："是吗？都有什么说法呀？路易斯大叔，你快给我们说说吧！"

路易斯大叔耐心地讲解道："在一本名叫《皇家述评》的书中说，西班牙人到了这个地方后，在一条河边遇到了当地的印第安人，就问这里叫什么名字。印第安人听不懂他们的话，以为他们问那条河叫什么名字，就说叫秘鲁。这样西班牙人就把那条河的名字当成是这个国家的名字叫开了。

那本书的作者是德拉维加，但是在他之后，有学者查遍了发源

于安第斯山脉流向太平洋沿岸的几乎所有河流，都没有找到那条叫秘鲁的河。"

"网上介绍说，秘鲁有很多人讲克丘亚语，"米娜插话道，"在克丘亚语中，秘鲁是'盛谷物的大筐或者粮仓'的意思。传说最早的印加王中的名字有'秘鲁'的名字，意思是'带来种子的人'。秘鲁的名字是不是这样来的呢？"

路易斯大叔回答说："可是在西班牙人来到秘鲁之前，这个名字就

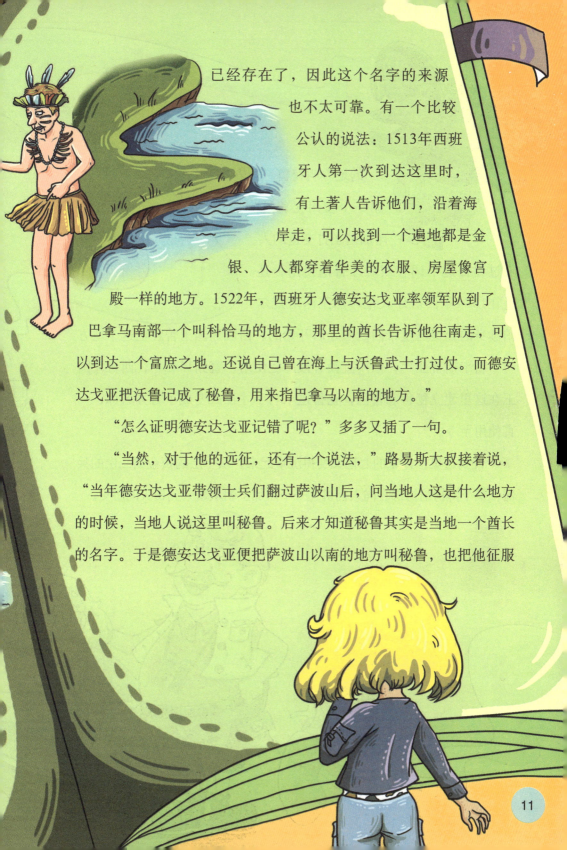

已经存在了，因此这个名字的来源也不太可靠。有一个比较公认的说法：1513年西班牙人第一次到达这里时，有土著人告诉他们，沿着海岸走，可以找到一个遍地都是金银、人人都穿着华美的衣服、房屋像宫殿一样的地方。1522年，西班牙人德安达戈亚率领军队到了巴拿马南部一个叫科恰马的地方，那里的酋长告诉他往南走，可以到达一个富庶之地。还说自己曾在海上与沃鲁武士打过仗。而德安达戈亚把沃鲁记成了秘鲁，用来指巴拿马以南的地方。"

"怎么证明德安达戈亚记错了呢？"多多又插了一句。

"当然，对于他的远征，还有一个说法，"路易斯大叔接着说，"当年德安达戈亚带领士兵们翻过萨波山后，问当地人这是什么地方的时候，当地人说这里叫秘鲁。后来才知道秘鲁其实是当地一个酋长的名字。于是德安达戈亚便把萨波山以南的地方叫秘鲁，也把他征服

的地方叫秘鲁。德安达戈亚是第一个使用秘鲁这个词与印加国王打交道的人。不过秘鲁这个词在西班牙普遍使用，还是在1534年西班牙人把印加王阿塔瓦尔帕赎身的金银财宝带回西班牙后开始的。西班牙国王曾经把这个地方叫'新卡斯蒂亚'，但一直没有被广泛使用。直到1542年，西班牙国王在这里建立秘鲁总督区，秘鲁这个名字才正式变成了官方名称，一直使用至今。"

　　说到这里，大家的心情又变得沉重起来。从一层的黄金到二层的兵器，整个博物馆仿佛在向人们讲述一个印加王朝从繁荣到覆灭的历史。

第 2 章

# 坐在"金板凳"上的国家

　　回到宾馆休息了一晚，三个人都觉得精神十足，便决定到利马的街头逛逛。

　　在利马街头，他们看到了很多色彩明快活泼的西班牙建筑，这些建筑与周围的绿树繁花相互辉映着，再加上灿烂阳光的照耀，以及阵阵海风

的吹拂，更让人感觉心情舒畅。

　　他们发现，无论是在宽阔的广场，还是在比较狭窄的小巷，都有人在踢足球，而且往往是一个人踢球，众人旁观喝彩，然后有人陆续加入，有大人也有小孩。让他们吃惊的是，竟然还有一个胖胖的女士在玩颠球，她那灵巧的颠球技术，连酷爱踢足球的多多也自叹不如。米娜不由感叹道："看来足球已经融入了他们的血液中。"

这些还都是次要的，最让他们印象深刻的，是利马街头随处可见的水果摊。那些水果或红、或黄、或紫、或绿……五颜六色，令人赏心悦目，阵阵果香飘来，又令人垂涎欲滴。

他们发现，几乎世界各地的水果都能在这些水果摊上找到！多多来到水果摊前，嘴里叨咕着："香蕉、葡萄、石榴、芒果、橘子、枣、梨、苹果、菠萝、无花果、枇杷、香瓜、橄榄、小番茄……咦，这种水果叫什么名字？那边的那几种又叫什么？"他突然看到很多不认识的水果。

"这是番荔枝，"老板向他介绍说，"那种我们叫它鼻涕果。"老板

指着一种水果说，它看起来圆圆的，有点像枇杷，但比枇杷大得多，表面光滑，外壳硬硬的。

"鼻涕果？好恶心的名字。"米娜叫道。

"它很好吃的！你们尝尝。"老板说着，将一个鼻涕果剥开，并挖出里面黏糊糊的果肉，看起来真的有点像鼻涕。在老板的极力推荐下，多多和米娜强忍着恶心吃了一口果肉。

"好甜，好吃！"多多吃完第一口后，就大口地吃起来。米娜和路易斯大叔也吃得津津有味。到最后，他们吃了好几个鼻涕果，结果不得不花钱买下这些鼻涕果。他们原以为像这么好吃的水果会很贵，没想到它相当便宜。再问其他水果的价格，也都便宜得让他们惊叹。

老板是个健谈的人，看他们惊讶的样子，笑着解释说："我们秘鲁不但水果品种多，品质优良，产

量也很高，而且四季供应不断。但这么多的水果有时也是麻烦。在前几年，因为运不出去，每到收获季节，果农只能眼睁睁地看着水果烂在果园里。运到利马来卖的水果都非常便宜，很多时候的价格仅仅是加了运费而已，种植水果的成本几乎被忽略不计。不过，现在我们的水果可以出口到好多国家，情况就好多了。"

"我要是能生活在这里该多好啊！"米娜感叹道。

"我早就知道秘鲁物产丰富，"路易斯大叔也感叹起来，"只是没想到丰富到这种程度。来，让我们去见识一下秘鲁的其他物产吧。"

于是，三个人走进了一家大型超市，首先去的是农产品区。那里的蔬菜和粮食也是应有尽有，五花八门。

"天哪，这是土豆吗？"米娜忽然惊叫起来。

顺着她手指的方向，路易斯大叔和多多看到了一大堆土豆，有许多是人们经常见到的那种土豆的样子，但它们却是五颜六色的，有白色、蓝色、红色、紫色、黑色的，还有黄色中带有粉红色的斑点。而且，它们的形状也很奇特，有长条形、葫芦形、元宝形……

售货员热心地为他们介绍说："这是我们秘鲁特产的土豆，像这

种黄色的、很像姜的土豆叫'鸡蛋黄'，这种紫黑色的叫'紫玫瑰'。'紫玫瑰'如果蒸熟了，非常好吃，又糯又甜，口齿留香。那种红色的叫'红脸皮'，那种叫……"

认识完这些特殊的土豆后，他们又去了水产品区。这里的品种多得同样令人惊叹，普通的鱼、虾、蟹等就不必说了。他们看到了一种巨大的鱼，大约有2米长，旁边的售货员还说这只是小鱼！

据他介绍说，这种鱼叫巨骨舌鱼，生活在亚马逊河里，最大的能达到6米！

"这应该是最凶猛的鱼了吧？"多多问道。

"不，最凶猛的鱼是它！"售货员指着一种巴掌大小的鱼说，"知道这是什么鱼吗？它就是食人鱼！凶猛而残暴。你们看看它的牙齿。"说着，售货员用手掰开食人鱼的嘴（食人鱼是死的，不必担心），露出里面

尖锐而锋利的牙齿。

逛完了这家超市，路易斯大叔又带着两个孩子去了一个礼品市场。市场里面有许多金、银、铜、土耳其玉等制成的具有印加文化特色的饰物，有钱袋、皮带、手提袋等皮革制品，上面有精美的图案；有极具民族特色的手制民俗工艺品和陶土制品，据说是山地、森林地区的印第安人制造的这些饰物，无不充满了神秘的色彩。

"呀，这就是羊驼毛编织的吧。"在琳琅满目的饰品中，米娜突然拿起一条彩色的披肩，激

动地喊起来，"多么漂亮，多么柔软，多么细滑，多
么暖和啊！"米娜将披肩披在身上，转动身体，摆出各种
姿势，问道："老板，这条披肩多少钱？"

"小姑娘，你真有眼光！"老板热情地推销起来，
"你瞧这披肩，上面的图案和配色多漂亮，又雅致，
又大方，很有我们秘鲁的特色，而且它是用野生的
羊驼的毛制成的。您一定要把它买下来，才不枉来秘鲁一趟。它很便
宜的，才2000美元。"

"啊，2000美元？！"米娜赶紧放下披肩，拉着路易斯大叔和多
多赶紧离开了。

看了这么多特产，多多不禁问道："秘鲁为什么会有这么多特
产呢？"

"这个问题要回答起来还真有点复杂，"路易斯大叔说，"首先，

秘鲁是个狭长的国家，从北到南跨过好几个温度带，在秘鲁国内可以找到28种气候。而从沿海低地到高山峰巅，又可以形成不同的气温带，如果再加上不同的土壤、降水等条件，则更加适合多种作物的生长。

其次，秘鲁西边的海洋中，有暖流和寒流交汇，虽然会造成天气异常和泥石流，但是也使更多的鱼类来到这里觅食。另外，秘鲁的森林面积超过了全国面积的一半，而这些森林地区也有很多植物生长。因此，在这里，你可以见到很多稀有的动物和植物。

秘鲁的矿产资源也非常丰富，黄金的丰富是大家都知道的。另外，它的银、铜、铁、锡、锑、铅、锌等的储量也都很丰富，是世界上十二大矿产国之一。

"正是因为丰富的资源，有人说秘鲁是坐在'金板凳'上的国家！"

# 第3章

## 利马城韵

　　利马分为老城区和新城区两个部分，作为秘鲁的首都，有名的旅游景点非常多，是每个来秘鲁旅游的人都不能错过的。路易斯大叔、米娜和多多三个人自然也不会错过这些旅游景点。

　　路易斯大叔说："1535年1月18日，西班牙入侵者的首领皮萨罗宣布建立利马市，并设立总督府。人们在印加原有建筑的基础上进行扩建，建成了如今的利马老城区，这里也曾是西班牙殖民者在南美的大本营。老城区的建筑格局和风格，反映了近300年西班牙殖民统治时期的历史和人文面貌，具有很大的研究价值，已被列入《世界遗产名录》。"

　　老城区位于整个利马市的北部，城区内有许多广场，其中最著名的是处在中心位置的马约尔广场。路易斯大叔告诉两个孩子："它原来叫武器广场。据说，这个广场的名称来源于殖民时期用于存放军火武器的旧称。"

　　"可惜现在不用于存放军火武器了，"多多遗憾地说，"要不然我也能看看那些武器是什么样子的了。"

广场上最显眼的是中央的铜喷泉，是在1650年修建的。高高耸立的喷泉不停地喷出水来，喷洒在下面的大水池中，发出巨大的水声。水池中还卧着一个雕工精美的石狮。水花飞溅，雾气蒙蒙，在阳光照射下晶莹闪烁。

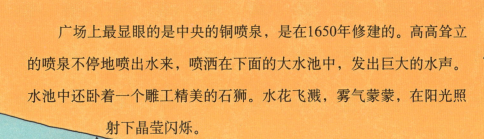

在广场四周，栽种了许多高大的棕榈树，树下是盛开的鲜花和绿茵茵的草地。广场上有很多人，既有来这里游览的游客，也有在此休闲游玩的当地人。

以这个广场为中心，向四周辐射出一条条街道，这些街道大都是用石板铺砌的，可以通向城区的各个角落。

一个当地人热心地向

三个人介绍说："马约尔广场是我们秘鲁人的骄傲，在这里曾经发生过很多故事。比如，1821年，圣马丁就是在这里宣布秘鲁解放的。现在，我们国家的一些重大节庆活动也在这里举行。"

"可惜现在什么活动都没有举行。"米娜也带着遗憾的口气说，"我们来得的确不是时候！"

这里还是秘鲁的政治中心，在广场周边有总统府、大教堂和利马市政大厦等著名的建筑，其中最引人注目的是雄伟壮观的大教堂。

大教堂具有浓烈的西班牙风格，是著名的古代欧式建筑的典范。走进大教堂，让人顿时眼花缭乱，只觉得无处不精美，简直不知道先看哪里才好。穹形的天花板金碧辉煌；

棋盘状的地板干净光洁，能照得出人影，让人舍不得踩下去；大厅两侧摆放着许多雕像，包括耶稣受难像、圣母玛利亚怀抱圣婴像等。

就连教堂里一排排唱诗班的座椅都是经过精雕细刻的，花纹精美，古色古香。

在大教堂里，他们还看到里面收藏了很多古印加文化的文物和珍宝。路易斯大叔说："现在大教堂已经被列为宗教博物馆，里面的很多珍宝都是西班牙殖民者劫掠来的。"在一具玻璃棺材里，他们还看到了西班牙殖民统治第一任总督皮萨罗的干尸。

走出大教堂，他们的目光又被总统府吸引了。

总统府，是在西班牙殖民统治者的总督府的基础上修建的，气势恢宏，豪华不凡。米娜一见，便惊叹道："太气派了，简直就是一座西班牙王宫嘛！"

总统府的最高处飘扬着一面秘鲁国旗，两边还有中国、美国、墨西哥等国家的国旗，总统府的周围有一些持枪的军警守卫着。有些游客正在总统府前的栅栏旁对着总统府拍照。

这时已到了中午，多多突然看到有一队持枪军警排着整齐的队伍，步伐一致地走到总统府前面。这时，有人高喊："卫队要换岗了！快来看呀。"众人当然不会错过这难得的一幕，都靠上前去，瞪大了眼睛，观看那雄壮的换岗仪式。

旁边有导游正在介绍着总统府里面的布置，米娜和多多都认真地听着。

导游说，总统府包括两个大院子和一个大花园。进去的时候，你会看到一座新楼，它的正门正

对着马约尔广场。走进这座新楼的正门，就能看到一个两层高的大厅，很像希腊的神庙；这个大厅的地面铺着不同颜色的大理石，最中间的一块大理石有一个圆形的金色图案，它象征着印加人崇拜的太阳神。在大厅的两侧摆放着十尊南美洲各国解放先驱的半身像。

从大厅往左拐，是一个装饰得金碧辉煌的金色大厅，它的墙壁上的浮雕全是由金粉描绘而成的，顶部则是精美的彩色玻璃天窗。总统就是在这个金色大厅接受外国使节递交的国书，一些大型的招待会也在这个金色大厅中举行。

在金色大厅的左侧是名为图帕克·阿玛鲁的大厅，是用最后一位印加王的名字命名的。图帕克·阿玛鲁大厅的装饰全都是用秘鲁的特产乌檀木精雕细刻而成，里面还放着四座女神雕像，分别代表了春、夏、秋、冬四个季节。总统就是在图帕克·阿玛鲁大厅举行小型会议，或者与外国来访的代表团进行会谈。

金色大厅的右侧是大使厅，总统会在这里单独接见来访的国家元首和要客。

导游又介绍说，在总统府大楼的东西两侧，各有一个大阳台，面向着马约尔广场。每当广场上举行重大的节日活动或庆典时，总统就可以站在靠近市政府一端的阳台上观看。

可惜总统府不让游人进入，他们也只能在导游的介绍中想象着里面的辉煌。听完导游介绍后，三个人从马约尔广场往西南方向走去，走到了利马最繁华的商业中心——团结大街。这里商店林立，人来人往，异常繁华。在这里，三个人买了几件极具秘鲁传统特色的小商品，每人又喝了一杯秘鲁特有的黑玉米饮料。多多一边喝，一边赞道："真好喝，比我喜欢喝的可乐味道还要好！"

紧接着，他们又来到了圣马

丁广场。在广场中心，白色的底座上面，高高
地矗立着一尊青铜色的英雄雕像，这位英雄跃
马横枪，非常威武，似乎在以胜利者的姿态眺
望远方。

"这位英雄是谁呀？"米娜
问，"大家好像都很尊敬他。"

路易斯大叔说："他名
叫何塞·德·圣马丁，是南
美的解放之父。这个广场就
是用他的名字命名的。"

圣马丁广场四周种着许多高大
的棕榈树。周围有名的建筑有：著名
的玻利瓦尔大酒店、拉丁美洲最早的
学府圣马科斯大学。

它虽然面积不太大，但聚集着很多人。奇怪的是，广场上有许多老人、妇女和儿童，甚至有些成年男子，在给人擦鞋。

在喧闹拥挤的城区游览了许久，三个人决定去海边看看。他们首先去了修建在太平洋悬崖边上的玛丽亚纪念公园。他们到达那里时，正好有一队旅游团也在那里参观，导游正向他们介绍："这个公园是为了纪念德国女数学家玛丽亚·赖歇而建立的。玛丽亚从1946年开始对纳斯卡地画进行研究，为纳斯卡地画的研究和保护做出了巨大贡献。1998年她去世时，秘鲁政府为了表彰她，还为她举行了国葬。"

在玛丽亚纪念公园里，有着大片大片的绿草地，其中用鲜花种植了几幅纳斯卡地画的图案，如蜂鸟、仙人掌等。在里面，

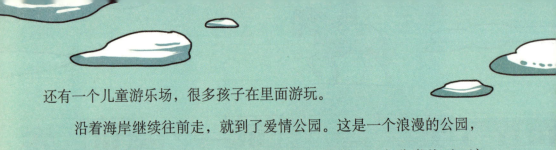

还有一个儿童游乐场，很多孩子在里面游玩。

沿着海岸继续往前走，就到了爱情公园。这是一个浪漫的公园，里面种植了很多花草和树木，还有绿油油的草坪，景色非常美丽。这里视野开阔，面向大海，苍茫的海洋景色一览无遗。

爱情公园的中央有一座巨大的雕像，雕像的名称是"吻"。公园靠海的一边修建了一堵围墙，以白色为主调，部分用彩色的瓷砖修

建，搭配出美丽的图案。墙
上还刻着一些富有感情的
诗句。

公园里的游人很多，许
多孩子在奔跑嬉戏，大人们则悠
闲地漫步。

他们游览完爱情公园时，天起雾了，太平洋的海风轻轻吹过，浓
雾渐渐弥漫开来，所有的景物都变得若隐若现，整座利马城也有了一
种虚幻缥缈的感觉。

尽管他们游览了许多地方，但利马城还有更多地方在等着他们，
每个大街小巷，都有探究不完的故事……

# 无雨之都

　　位于秘鲁西部的利马，再往西就是浩瀚的太平洋了。它被称为"无雨城"，因为这里全年的降雨量很少。这里冬天不怎么冷，夏天也不怎么热，热带沙漠气候特征明显。下雨少，也有好处，街道上都不用设置下水道，居民用土坯盖房子就行，还有人用纸板拼出房子。当然了，利马人基本上不用买雨衣、雨伞等雨具。

　　利马虽然很少下雨，但在冬季常有浓雾，空气非常潮湿，常弥漫着小水滴，人们在外面待的时间长了，衣服也会被打湿，利马人将它称为"毛毛雨"。

## 第4章

# 世界的中心库斯科

　　有人说，在秘鲁旅游时，如果你行程紧张，除了利马之外只能再到一个城市，那么你唯一的选择就是库斯科。因此路易斯大叔将下一站的目的地选在了库斯科。

为了更好地观察库斯科的全貌，路易斯大叔忍痛出了一笔钱，带多多和米娜乘直升飞机俯瞰库斯科。

　　在安第斯山高原盆地内，库斯科的建筑高低错落地分布着，红瓦屋顶在高山之中绵延。周围是崇山峻岭环绕，高山上绿树繁茂，与蔚蓝的天空、洁白的云朵相互交映，景色优美。

　　"怪不得人们称库斯科是'安第斯山王冠上的明珠'。"多多故作深沉地说，"真是太令人震撼了，古代的印加人能建造这么宏伟的建筑，真是了不起！"

　　米娜说："路易斯大叔，你看，库斯科像不像一只匍匐在安第斯山中的美洲狮？"

　　"没错。"路易斯大叔说，"它所在的地形酷似一只美洲狮，而美洲狮在印加文化中有着非常重要的意义。"他指着下面的建筑说，"你们看，那座小山是狮头，城市中心在狮子的腹部，而河流形成了狮子的背部和尾巴。等会儿我们就到这头美洲狮的各个部位去看看。"

　　三个人下了直升飞机，乘汽车进入库斯科。他们沿着蜿蜒曲折的鹅卵石道路往市中心走去。路易斯边走边说："库斯科古城是印加帝国的首都。在印加统治时期，库斯科被划分为4个区，当时的统治者必须在这里安家，每年都要在这里住一段时间。以这座古城为中心，向四周辐射出的道路，覆盖了整个印加帝国，因此得了'库斯科'的名字，在印加古语中的意思是'世界的肚脐'，含有

'世界中心'之意。"

这里的房子真是非常有特点，一般都是红瓦白墙，具有鲜明的西班牙风格。但有很多房子的下层，却是用许多大块石头堆砌而成的石墙。

对于这一点，路易斯大叔说："16世纪，西班牙侵略者占领了库斯科之后，殖民者只保留原有建筑的基石，在此基础上建造西班牙式的建筑。"

不久，他们走到了狮子的心脏部位——兵器广场，这是库斯科城主要的公共广场，在印加时期就是城市的中心。

广场正中矗立着一个印第安人的全身雕像。广场上有许多人，或散步，或闲聊，或坐在长凳上，看上去都非常悠闲。

　　"这个广场可真大呀！"多多说。

　　"在印加时期，它的面积是现在的两倍。"路易斯大叔说，"但西班牙人为了修建两座教堂，而占用了一半的土地。看，就是那两座教堂，左边的是大教堂，右边的是耶稣会天主教堂。它们是在印加宫殿的基础上改建的。"

　　走进耶稣会天主教堂，那金碧辉煌的主祭坛异常显眼，有20多米高，多多和米娜需要使劲儿仰着头才能看到它的顶端。上面雕刻着精美的香柏、天使、圣母等图像，而且装饰有金叶子，更是显得金光灿灿，富丽堂皇。

"这得用多少金子啊！"多多感叹道，"真是够奢侈的！"

路易斯大叔说："西班牙人占领这里之后，到处抢劫、掠夺，然后将抢来的黄金融化掉，又制成了这样的宗教艺术作品。"

广场的对面是洛雷克大街，路面用石板和鹅卵石铺成，两边矗立着高大的石墙。看来，尽管西班牙人毁掉了库斯科的大部分印加建筑，但仍有许多印加的痕迹保留下来。这些石墙，原来是印加的住宅。走在这狭窄的街道上，犹如行走在印加帝国鼎盛时期的城市之中。

一个当地人自豪地说："这些石墙构造非常精巧，异常坚固，曾经经历过很多次大地震，依然完好无损，而其他的一些建筑却遭到了严重毁坏，它比现代的许多建筑都好得多！"

他们沿着街道往前走，来到了圣多明哥修道院，它是公认的全城最迷人的建筑。修道院的大门和塔楼都是欧洲风格

的，上面雕刻着精美的花纹。它的底部是用巨石砌成，一块块巨石整齐而精密地堆砌在一起，不需要涂灰泥，就可以契合得不留一丝缝隙，简直是鬼斧神工！

"这也是在原来的印加建筑上建成的吧？"多多问。

"没错。"路易斯大叔说，"它直接搭建在印加太阳神庙的基石上。你们可能不知道，当时印加人认为，印加帝国是世界的中心，首都库斯科是印加帝国的中心，而太阳神庙则是库斯科的中心。神庙有巨大的花岗岩墙体，地板用黄金铺就，还有镶嵌着珠宝的黄金太阳图案，广场内摆满了与真实物体大小相同的金银雕像，如羊驼、树木、水果等。但如今，早已不见当年神庙的风采。"

三个人沿着一条路从美洲狮的腹部走向尾巴，然后转弯，爬上背部。这里是住宅区，人要少得多，比较安静，汽车不时驶过，有的大门口站着一两个当地人。街边有许多小商店，有时会有人出来招揽客人。

三个人越往上爬，鹅卵石路就越陡。他们爬到了美洲狮的颈部，街道呈"Z"字形盘旋而上，变得十分狭窄。

他们费力地爬上美洲狮的头部，上面是一些石墙废墟，显得十分荒凉，周围杂草丛生。路易斯大叔说："这些石墙曾经是高大雄伟的萨克塞瓦曼要塞，它是印加帝国时期一个军事据点，印加人和西班牙人的战场就在这里。"

太阳就要落山了，夜幕渐渐笼罩了库斯科。

悠扬的钟声从远处传来，整个城市亮起无数灯火，如梦幻一般。

　　路易斯大叔带着两个孩子乘车赶回市中心，听到各处都传来音乐声，街道上的人依然很多，热闹非凡。他们走进一家餐馆，竟然看到有乐队在演出，有人唱着当地的歌曲，也有人伴着音乐起舞。

　　在音乐声中，他们一边吃着当地的美食，一边感叹着库斯科的神奇与美丽。

# 第 5 章

# 太阳神的节日

连续几天，多多一行人都在库斯科及其附近游览。渐渐他们发现，大量的人正不断涌入库斯科，使库斯科的街道变得越来越拥挤，人们伴着音乐载歌载舞，无比兴奋。经过询问才知道，他们都是为了即将举行的太阳节而来的。

印加人崇拜自然，在他们看来，无论是太阳、月亮、星星，还是高山、河流，都是神灵的化身，连印加国王都将自己看作是太阳神的子孙。每年的6月24日，印加人都会蜂拥进入印加帝国的首都库斯科，为感谢太阳神而举行一个盛大的宗教祭祀仪式庆典，称为太阳节，又称太阳祭。如今，太阳节已经成为秘鲁人最重要的庆典活动。

路易斯大叔选择在6月份来秘鲁旅游，其中最重要的一个目的就是想亲自参加神圣的太阳节祭典。他很清楚，太阳节会非常盛大而隆重，但其热闹的程度仍让他感到意外。当地人告诉他们，在太阳节之前的7天，人们就已经开始庆祝了。

尤其到了23日那天，库斯科的兵器广场上简直就是人山人海、锣鼓喧天，很多游行队伍载歌载舞，依次进入广场游行，旁边挤满了围观的人。

每个游行队伍服装的颜色、样式都是统一的，与其他队伍不同。他们都有一个牌子，上面写着游行次序的号码，以及他们村镇的名字。

每个游行队伍来到兵器广场以后，都会向一旁教堂的方向致敬，那里就是古印加帝国太阳庙的遗址。游行队伍绕场一周之后，路过大教堂，然后从一个出口出去，游行就结束了。可是，游行的人们还没离开，还在跳舞。音乐停止时，有人会拿着瓶子喝啤酒或其他饮料，只要音乐一起，他们会立即把瓶子放在地上，继续跳舞。

"整个库斯科的人全都疯了！"多多感叹道。

太阳快下山了，但依旧还有很多游行队伍在等待着，准备排队进入兵器广场。

"这种游行什么时候才能结束啊？"米娜好奇地问。

"今晚会通宵游行。"向导说。

尽管路易斯大叔和两个孩子都想继续狂欢下去，但是明天才是真正的太阳节盛典，他们需要养精蓄锐，只好恋恋不舍地回去休息了。

6月24日终于来到了，整个库斯科几乎沸腾了。

米娜发现昨晚扔在地上的啤酒瓶等垃圾都被连夜清理掉了，广场和所有的街道都被打扫得干干净净，可见库斯科人对太阳节的重视。

向导带着三个人来到克里甘恰神庙，因为太阳节盛典就是从这里开始的。这里已经聚集了无数人。

乐队用富有民族色彩的螺号、竖笛和号角等演奏出非常欢快的音乐。在音乐声中，盛装打扮的"印加王"和"印加王后"乘坐多人抬着的黄金轿子，缓缓进入神庙广场，后面紧跟着男女侍从、卫队和臣民们。他们的服装都非常艳丽华贵，上面有典型的印加风格的色彩和图案，头上、身上也戴着许多金光闪闪的黄金饰品。还有一些人的头上戴着插满各色羽毛的高高的帽子，脸上涂着彩色的油彩。

多多看着眼前的盛况，连连惊叹："我知道，那个人不是真正的印加王，这些人也一定不是印加王的臣民，但我总觉得像是回到了过去。"

向导说："这些人是由库斯科市节日庆典公司的演员扮演的，有好几百人呢。他们的表演力求真实，以再现印加帝国的辉煌和鼎盛。最值得一提的是，扮演印加王的那个演员的确是当年印加王的嫡传后裔。"

"真的吗？"米娜兴奋地说，"那我一定要找他给我签个名！"

　　一队印第安少女面向太阳，双手举起，就像要拥抱太阳一样，慢慢走上神庙的台阶。广场上的印第安人开始跳起欢快的舞蹈。

　　"印加王"走上神庙的平台，站在中央，面对太阳，举起权杖，大声喊道："我的太阳，我的太阳——"他所有的臣民也都举起手，跟着印加王喊道："我的太阳！"

　　这时，很多来自外地的人都被他们那种发自内心的对太阳的崇拜所感染，也情不自禁地举起双手，喊道："我的太阳！"

　　当他们三个人还沉浸在这仪式中时，向导却提醒他们要离开了。因为这里的游行只是盛典的前奏，接下来太阳节盛典的队伍会路过一条叫太阳大道的街道，然后去兵器广场。要想在兵器广场占据有利位置，必须在人潮行动之前，先下手为强。

　　但是人实在是太多了！简直是人挨
人、人挤人，处在这样的人潮中，几乎是寸
步难行。多亏向导非常有经验，才带领他
们"突出重围"。

　　在兵器广场上，少女们跳起传统的舞蹈，身体不停
地旋转着，宽大的圆裙子飞舞起来，非常好看。但与之相对的
场景却让人感到有点恐怖。广场的另一头，摆放着一些木乃伊，向导

说这是印加皇族祖先的木乃伊。木乃伊被按照辈分和长幼安放在椅子上，它们都戴着黄金头饰，穿着华丽的衣服，面向着自己的子孙。人们匍匐在地，虔诚地膜拜他们的祖先。

兵器广场的祭祀仪式持续了好几个小时，到中午才结束。接着，人们又赶往第三个祭祀场所——位于美洲狮头部的萨克塞瓦曼要塞，那里将会举行最重要、最精彩的一场仪式。

他们到达萨克塞瓦曼要塞时，看到每个山头都被人占满了。在这些山头的对面，就是萨克塞瓦曼要塞的一些印加石墙，石墙的每一个石块都非常巨大。

在石墙前面，印加少女举着双手，面向太阳，慢慢走过来。"印加王"手执权杖坐在轿子上，被人抬过来。

盛装游行的侍从等已变成了印加武士，在祭司的主持下，点燃起烽火，接着双方的武士激战在一起，大动干戈，使人仿佛回到了当年印加人保卫家园的古战场。

太阳节上最令人感动的一幕是，"印加王"跪在地上，面朝太阳，对着太阳祷告。在"印加王"的带领下，所有的印加臣民都对着

太阳祷告。尤其是那些印加少女，当"印加王"向着太阳大声喊出"我的太阳"时，她们一边跳舞，一边散花，一边做着手势，同时还默默地跟着"印加王"吟唱。众人都发自肺腑地吟唱，声音越来越高，然后又慢慢变成低吟。在这一刻，人类似乎是与天地相通的。

当太阳节的仪式结束后，人们陆续离开萨克塞瓦曼要塞，但却没有出现遍地垃圾的现象，地上仍十分干净，可见当地人是多么热爱这块土地。

# 秘鲁的木乃伊

在古代印加，人在去世后会被制成木乃伊。生前地位越高，其木乃伊制作得就越精美。对于秘鲁人来说，祖先的木乃伊并不可怕，反而非常亲切。他们一直供奉着祖先的木乃伊，是希望从木乃伊身上获得勇气和信念。据说，印加人将他们祖先的木乃伊看得比金子还要贵重。当西班牙人侵入库斯科后，惊奇地发现，当地人在撤离时丢弃了大量金银，却带走了城中所有的木乃伊。

# 第6章

## 古山圣城马丘比丘

　　"起床了，起床了！快点起来！"外面还是漆黑一片，路易斯大叔就把多多和米娜喊了起来，然后将迷迷糊糊的两个人塞进了一辆汽车。

　　"我们要去哪里呀？"多多闭着眼睛问。

　　"我要带你们去马丘比丘看日出！"路易斯大叔兴奋地说。

　　也不知汽车开了多长时间，他们来到了马丘比丘的入口处。有两个人正请求马丘比丘的管理者，能允许他们把摄影器材带进去，但不管怎么说，管理者就是不同意。

　　"马丘比丘是整个秘鲁旅游的无价之宝，"路易斯大叔说，"是新的世界七大奇迹之一。秘鲁对它的保护非常严格，像专业摄像机是不允许被带进去的。而且我把你们早早喊起来，除了看日出，还因为这里每天只允许500人进去参观，来晚了就进不去了。"

　　他们来到马丘比丘的最高处时，快早上7点了，那里已经聚集了很多人，准备迎接马丘比丘每天都隆重上演的自然景观——日出。但是，情况看起来似乎不太好，雾非常大，整个马丘比丘笼罩在一片浓雾之中，几乎什么也看不到，只能依稀辨认远处的一些山峰。一直到7点半，大雾依然弥漫。

大家都着急了，多多说："如果今天看不到日出，该怎么办呀？我不是白白起这么早了。"

"别着急。"向导的神态非常淡定，非常自信，"到了8点，太阳一定会照进马丘比丘的。"

"你怎么知道？"米娜问。

向导说："我先不说，到时候你们就知道了。"

果然，在8点钟左右，第一缕阳光透过浓雾，并很快将浓雾撕开一个大口子，接着所有的云雾都散开了，明亮的阳光照射进马丘比

丘，照射到那雄伟的、青灰色的石头建筑上，泛起金黄色的光泽，蔚为壮观。

有人穿着红黑相间的秘鲁服装，迎着太阳，举起双手，虔诚地呢喃。

向导说："他们说的是'我的太阳，回来吧'。我们的祖先崇拜太阳，太阳是印加的神，他们一直在祈求太阳。据说，马丘比丘就是为了亲近太阳神而建的。"

这里最重要的地方是拴日石，一听它的名字，就知道它是一块为了拴住太阳的石头。它是一个用很大的石块做成的平台，有一根石柱竖在中间。当太阳照在石柱上，会出现一个影子，太阳移动时，影子也跟着移动。

"印加人有非常精深的天文知识，"路易斯大叔说，"他们通过拴日石的影子，可以判断时间和日期等，然后来安排农作物的播种和收获。"

多多围着拴日石转了一圈，忽然在旁边发现了一个突出的角，而且是唯一的一个突出的角，忙问道："这个角好奇特，有用吗？"

"当然有用，它所指的方向是正北方！"向导说。

"真的吗？我来试试。"米娜说着，拿出她的便携式指南针，把它放到这个角上面，发现指南针所指的北方果然与这个角的方向完全吻合！

"印加人在做这个角时，计算得太精准了！"米娜不由得感叹道。

他们看到在拴日石上有一块方形石头，形状看起来并不规则，但它的4个角却正好对着东南西北4个方向。

向导指着正北方的那座山峰说："那是瓦纳比丘，印加语的意思是'年轻的山'。而我们所在的这座山，就叫马丘比丘，意思是'年老的山'，马丘比丘古城就静静地躺在这座山上。马丘比丘古城原来叫什么名字，人们早已不知道了，便用它所在的山为它命名。

你们再看，西面和南面也各对着一座山，可是东面呢？"

"没有山，是开阔的！"多多抢先喊起来。

"没错，"路易斯大叔说，"因为这里是迎接太阳的方向，怎么可以有山峰阻挡呢？"

二人忽然发现了一个奇怪的现象：许许多多的游客，纷纷走到拴日石旁边，举起双掌，靠近拴日石底座，尽量接近，却不接触。

"咦，你们在干什么？"多多走过去问。

其中一个人回答说："这块拴日石能传送能量，我们就是在接受它传送的太阳能量。"

多多和米娜一听，急忙举起手掌，也去接受太阳

的能量。结果当他们低头时，在拴日石旁边的地上，一个隐秘的角落里，发现了一个毫不起眼的圆圈。向导打开一本马丘比丘的书，上面也有这样一个圆圈，不同的是，有一缕阳光照射在这个圆圈上。

"这是怎么回事？"多多问。

向导说："一年之中只有6月21日这一天，阳光会从一条石缝中照射进来，正好照在这个圆圈上，也就是古印加传统的太阳节。人们为了祈祷太阳重新回来，会象征性地把太阳拴在这块巨石上。"

米娜疑惑地问："可是，现在的太阳节不是在6月24日吗？"

"这是后来西班牙改的，"路易斯大叔说，"西班牙人推翻了印加很多传统的东西，连他们传统的太阳节也改掉了。好了，天也大亮了，我们该去参观石头城了！"

在向导带领下，他们沿着山路往下走去。

马丘比丘，这座被印加帝国遗弃的神秘古城，坐落在安第斯山上，被崇山峻岭环绕着。从它的上方，可以看到那古老的城市和它附近的梯田。

路易斯大叔一边走着，一边向两个孩子介绍说："马丘比丘在15世纪中叶开始修建，因其绝佳的地理位置，被高山环绕，被茂密的丛林遮掩，从下面绝对无法看到它，所以没有被西班牙人发现，从而逃过了劫难，完整地保留了下来。直到20世纪初，一个名叫海勒姆·宾厄姆的美国人发现了它，进而广为人知。

马丘比丘分为梯田和城区两大部分，城区有大约140个建筑物，包括神庙、居住区、公园、监狱和避难所等。我们此行主要参观的就是那些独特的巨石建筑。"

进入石头城后，他们不禁被眼前的石头建筑惊蒙了。整个城市全部都是用石块建成的，石块各式各样，有大有小，但全都打磨得非常光滑，并严丝合缝地拼接在一起。那些大大小小、不规则的石块，都被印加人利用各自的弯度、斜坡和空间，紧密地衔接在一起。最神奇的是，古代的印加并没有石灰、水泥等建筑材料，却能完成如此完美的建筑！

向导说："一些石块连接极其紧密，它们之间的缝隙甚至不到1毫米，连剃须刀片都插不进去！"

调皮的多多想用刀片试试，却立即被向导迅速地制止了。

"天哪！"多多在观察石缝时，突然喊起来，"这居然是一整块石头，1、2、3……哇，一共有26个角！"

　　那是一块墙角处的大石头，利用石头原来
的形状，巧妙地构成了一个墙角拐弯的地方，那26个角与相邻的石块
的角紧密结合，精密又细致。

　　向导说："26个角还算不上最多，这里还有一块有33个角呢！"

　　"天哪，这块石块真高，比路易斯大叔还高！"米娜又喊起来。

　　那是一块巨大的石头，可能是马丘比丘最大的石块之一，有2米
多高、3.5米那么长。

　　"这算不上稀奇。"向导自豪地说，"有些巨石，重量不下200吨！"

　　米娜问："这么多巨大而沉重的巨石，印加人是怎么把它们搬运
上来的，又是怎么堆砌成墙的呢？"

　　"秘鲁考古学家推断，"路易斯大叔说，"印加人是就地取材，
在原地切割、雕凿石块，并建造城堡。他们在建成城堡之后，把剩余

的碎石推下山崖，只在山巅留下这座奇迹般的城堡。

　　"至于印加人是如何搬运沉重的石块，并堆砌成墙的，至今仍是谜。考古学家有许多猜想和分析，其中一种是：他们是利用斜坡和杠杆来搬运巨石的。"

　　古城的街道很狭窄，但排列得非常整齐，可以方便到各处参观。

　　他们走进一个神庙，在完美的石墙中竟然发现了瑕疵。其他的石块都很整齐，偏偏在右手边有一小段石墙有些倾斜，那些石块有些凌乱，似乎是一个拙劣的工人随意堆砌的。这自然引起了大家的好奇和疑惑。

　　"印加的石墙都非常坚固，"向导说，"发生地震时，那些西班牙建筑全倒下了，这些石墙却没有倒下！但在1940年，有过一段持续很长时间的雨季，使这段石墙倒塌了，因此还

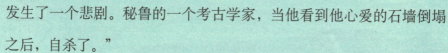

发生了一个悲剧。秘鲁的一个考古学家，当他看到他心爱的石墙倒塌之后，自杀了。"

古城中有一个大广场，是印加人举行聚会、体育活动和节庆典礼的场所。广场的南侧是印加王宫，石墙的建筑极其精美、宏伟。里面有印加王的寝宫、膳房等，还有侍从的住处。

马丘比丘有许多神庙，其中最有名的是位于王

宫南面的太阳神庙，它是一座建在一块巨石上的环形建筑物。据向导介绍：太阳神庙是印加人祈祷和祭祀太阳的场所。在太阳神庙地下建有墓穴，入口处的石块都不规则，古印加人却利用原来的石头造型，使它们完美地镶嵌在一起。其中的台阶并不是用一块一块石头铺起来的，而是用一整块石头切割成的。石头和台阶之间，完全是一个不规则的图形。

他们继续走着，走到一个地方，发现这里的石头建筑远远比不上刚才参观的地方那样宏伟高大，石造的建筑材料也粗糙得多。

路易斯大叔说："刚才我们参观的是印加贵族居住的地方，是上城区。而这里是平民居住的地方，是下城区。下城区只有一个神庙，就是神鹰庙，我们可以去看看。"

论宏伟高大，神鹰庙无法与太阳神庙相比，但也别具特色。神庙的地面上有类似鹰头的石刻，它后面的巨石，看起来很像神鹰展开的一对翅膀，虽然是自然天成，却也栩栩如生。

从早上一直到太阳快落山，他们不停地参观着，尽管已经很累了，却舍不得离开。那么多的建筑，那么多的石头，每一座建筑，每一块石头，似乎都有一个故事……

# 安第斯山脉

  安第斯山脉是世界上最长的山脉，全长将近9000千米，它横贯南美洲西部，被称为"南美洲的脊梁"，秘鲁则位于山脉的南段上。安第斯山脉中有许多海拔超过6000米以上的高峰，山峰上常年冰雪覆盖，且蕴藏着丰富的矿产资源。同时，由于安第斯山脉也是地球上比较年轻的山脉，所以这里也是地震的多发地带。

# 第 7 章

# 土造的"长城"

路易斯大叔带着多多和米娜来到秘鲁西北部的特鲁希略城。多多说："路易斯大叔，比起利马和库斯科，这个城市可就要差一些了。"

"不，这不是我们要游览的地方，"路易斯大叔说，"我们将要

去的是'昌昌'。"

"长城？"米娜奇怪地问，"秘鲁也有长城吗？与中国的长城有什么不一样吗？"

"不是长城，是昌昌！"路易斯大叔极力咬清字眼，"说起来，长城和昌昌的发音确实有些相似，尤其是在西班牙语中，更是相近。但昌昌是座古城，是与长城完全不同的古建筑。在11-15世纪，昌昌古城是印第安人奇穆王国的都城，后来被印加帝国吞并。昌昌在奇穆语中的意思是'太阳、太阳'。"

听了路易斯大叔的一番话，多多和米娜立即对昌昌古城产生了极大的兴趣。所以他们稍微休息了一下，便与当地的一个向导乘车赶往昌昌古城。汽车渐渐接近海边，景色却变得荒凉起来，到处是黄色的沙子，几乎看不到任何绿色。在这片荒凉的沙漠中，赫然出现了一

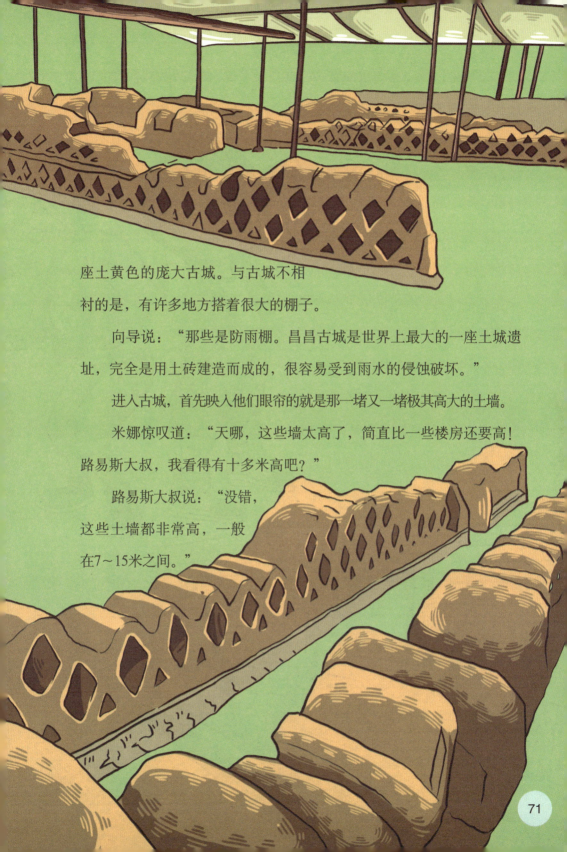

座土黄色的庞大古城。与古城不相

衬的是，有许多地方搭着很大的棚子。

　　向导说："那些是防雨棚。昌昌古城是世界上最大的一座土城遗

址，完全是用土砖建造而成的，很容易受到雨水的侵蚀破坏。"

　　进入古城，首先映入他们眼帘的就是那一堵又一堵极其高大的土墙。

　　米娜惊叹道："天哪，这些墙太高了，简直比一些楼房还要高！

路易斯大叔，我看得有十多米高吧？"

　　路易斯大叔说："没错，

这些土墙都非常高，一般

在7～15米之间。"

紧接着，他们又惊讶地发现这些墙非常厚，厚度都超过了3米。这些又高又厚的土墙围成了一个个巨大的方形城邑，各个城邑之间有宽阔整齐的街道相连。向导说，古城里已经发现了10个方形城邑。

"这些土墙这么高，这么厚。"多多张大了嘴，"古代奇穆人在建造时要费多大的劲儿啊！要是像现在的墙，有两三米高、几十厘米厚，那多省事儿啊！"

"这些土墙的作用大着呢。"路易斯大叔说，"根据考古学家的研究分析，奇穆人建造这些土墙，除了起到防卫的作用，更重要的是为了让

城里的人生活得更舒适。首先，高大的墙能够阻挡风。同时，土墙有很好的绝缘功能，这么厚的土墙可以使城里冬暖夏凉。你们看上面。"

顺着路易斯大叔的手指，多多和米娜使劲儿抬头，看到土墙的最上方有镂空，而不像下面是没有一丝缝隙的。

路易斯大叔说："在炎热的夏天，这些镂空的图案能让空气进来，空气流通得快，使夏天变得凉爽。这是多么高明的设计呀！"

在土墙上有很多浮雕，令人惊叹的是，这些浮雕并没有因岁月的

侵蚀而变得模糊，那些线条和图案依然非常清晰。这些图案有点、线、方、圆等几何图形，也有具体的动物和植物图案。

他们观看着墙上的浮雕，并顺着浮雕进入了一座城邑。它坐北朝南，虽然非常庞大，却只在北面有一个出入口。进入城邑，在许多房屋的土墙上都有装饰的浮雕，大多数是一些生活中常见的树木、鸟兽和虫鱼等，其中比较多的是游鱼、飞鹰等。

在其中一面墙壁上，刻了许多鱼形的图案，这些鱼形图案又组成了浪花的形状。在另一面墙壁上，又雕刻了当时的奇穆人在捕鱼的场景。另外，还有鱼鹰跃入水中逮鱼的画面……这些构图都异常复杂而精美。

"这么多的鱼，看来奇穆人一定很喜欢吃鱼。"多多说。

　　"没错。"路易斯大叔说，"鱼的确是奇穆人的主要食物之一，捕鱼在他们的生活中是非常重要的活动。"

　　在这座城邑中，有一个建在中央高台上的祭坛，房屋等都建在四周，由走廊相连。这里有宏伟高大的金字塔形神庙、国王居住的宫殿、国王的墓地、庭院、仓库、民居等。看来这里一定曾经住过一位国王。

　　在一处角落，他们发现了一个蓄水池，里面还有非常清澈的水。多多喝了一口蓄水池里的水，十分清凉，似乎还带有淡淡的甜味。这应该就是这座城邑的生活用水了。

　　他们又进入了一个城邑，里面的结构与前一个城邑差不多。向导说，古城中的10座城邑结构都是差不多的，都有神庙、宫殿、庭院和墓地等建筑。这让多多非常奇怪："难道这些城邑中都有一位国王？

一座古城有10位国王，那不乱套了吗？"

"这些国王并不是同时存在的。"路易斯大叔解释说，"据秘鲁的考古学家分析，这里的每个城邑里都曾住过一位国王和他的大臣。城邑的门禁森严，门禁一关，几乎与世隔绝。国王去世后，就葬在城邑的墓地中。继任的国王不会再住在这个城邑中，而是在旁边再修建一座相同的城邑。原来的城邑，则由原国王的亲属继续住在里面，并负责照顾墓地，还要定期祭拜死去的国王。"

虽然城邑的建筑结构差不多，但土墙上的浮雕并不相同。在后来的浮雕中，出现了非常多的海狗，或蹲、或卧、或跃、或窜，栩栩如生，非常逼真。向导说，因为这些海狗浮雕，昌

昌古城还得到了"海狗之城"称号，据说海狗是奇穆人崇拜的图腾。

　　还有一座庙宇，四面土墙上刻有许许多多的圆形图案，多多和米娜怎么数也数不清到底有多少个圆形图案。看他们着急的样子，向导笑道："这里共有365个圆形图案，据说代表一年里的365天，还代表着月亮。"

　　"奇穆人崇拜月亮。"路易斯大叔接着说，"因为在月圆之夜，鱼类就会在近海聚集起来，这时正是奇穆人捕鱼的黄金时刻。"

　　看到如此多精美的浮雕，米娜不禁惊叹道："从11世纪到21世纪，古城经历了上千年的风雨，却依然屹立不倒，而且土墙上的浮雕如此清晰，建造这些土墙的到底是什么样的泥土啊？能如此地结实！"

　　向导自豪地说："建造昌昌古城的土砖是用黏土、砂砾和贝壳粉末混合而成的，非常结实。在建墙之前，这些土砖还要在太阳底下暴晒，使它更结实。唉——"他叹了口气，"不管它多么结实，毕竟比不上石头。数百年来，因为大自然的侵蚀和盗宝者的破坏，这座举世闻名的古城已岌岌可危，所以现在已被纳入《世界濒危遗产名录》。人们正在尽力保护这座古城。"

在有些地方，他们发现墙上的浮雕被盖了起来，只能通过有照片的屏风才能知道下面的浮雕是什么样子的。这就是其中的一个保护措施。

古城的中间建筑很少，有一座查珠第城堡，看起来像一个庙宇。最令人惊叹的是，它里面有一个议事厅，至今仍保存得十分完好。议事厅中，有24面土墙，围绕在矩形庭院四周，样子很像现代进行辩论的会议厅。

古城西部和南部建筑要简陋得多，是大片用夯土和芦苇杆建造的普通住宅和小广场。

只有在高处才能领略昌昌古城的全貌，所以向导带领三个人爬上了一座木头搭建的高台。他们俯瞰古城，目及之处，一座又一座城邑，一堵又一堵城墙，当真是宏大之极，可以想象当时的奇穆王国是多么繁华昌盛。

　　在高台上，他们也看清了高大的城墙顶端，它的顶端被风雨侵蚀得失去了棱角，不再整齐，不规则地起起伏伏，看了让人痛心。

　　在古城的西边，可以看到不远处的大海，白浪不断翻滚，奇穆人就是在那片大海捕鱼的。另一边有一个池塘，向导说在奇穆时代，那里种满了蔬菜。有鱼有菜，有淡水有咸水，养活了城里大量的奇穆人。

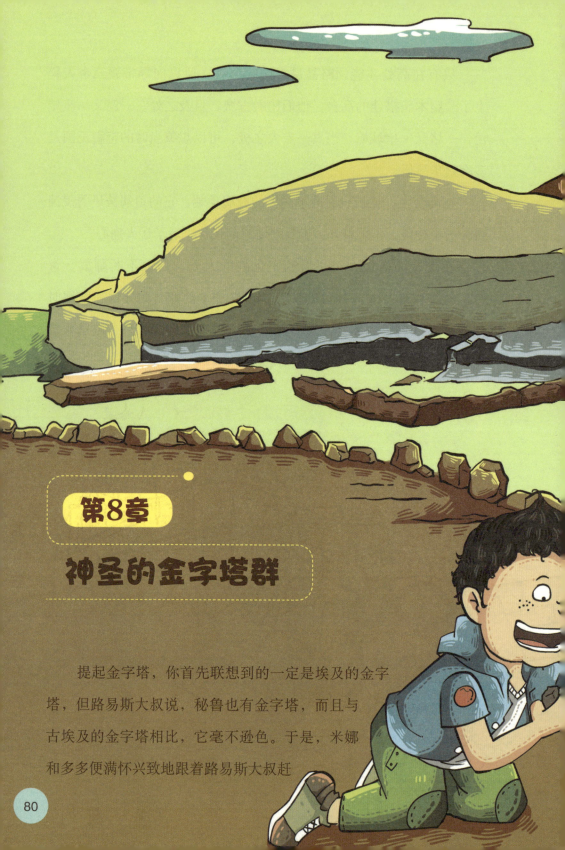

## 第8章

# 神圣的金字塔群

提起金字塔，你首先联想到的一定是埃及的金字塔，但路易斯大叔说，秘鲁也有金字塔，而且与古埃及的金字塔相比，它毫不逊色。于是，米娜和多多便满怀兴致地跟着路易斯大叔赶往秘鲁的金字塔遗址。这个金字塔遗址位于利马北方近200千米的地方，夹在安第斯山脉和太平洋之间。

在兰巴耶克山谷之中，有一片沙漠，秘鲁最大的金字塔群——图库梅就在其中，附近还有许多大大小小的山丘。一眼望去，一望无际的沙漠中高高耸立着许多金字塔，庄严、宏伟，却又显得有点荒凉。

多多和米娜仔细数了数，一共有26座金字塔。路易斯大叔说："南美洲没有任何一个地区的金字塔超过26座。但这比起整个山谷曾经拥有的金字塔数量，只是小巫见大巫。据考古学家分析，这个山谷曾经拥有过250座金字塔！你们看，那许多山丘其实就是金字塔的遗址，它们都是由泥砖建造而成的，在几千年的风雨侵蚀之下，它们渐渐失去了原来的雄姿，化成一个个山丘，和周围的山石融为一体。建造金字塔的人也早已消失了，人们无法知道他们是什么人，只好用他们所在的山谷来命名，称他们为兰巴耶克人。"

图库梅的26座金字塔以一座开阔的中央山脉为中心。在多多和米娜眼中，每一座金字塔都异常高大宏伟，这么巨大的金字塔全都是用土砖建造的。

据向导介绍说，在公元前1100年前，图库梅开始兴建第一座金字塔。建造一座金字塔，必

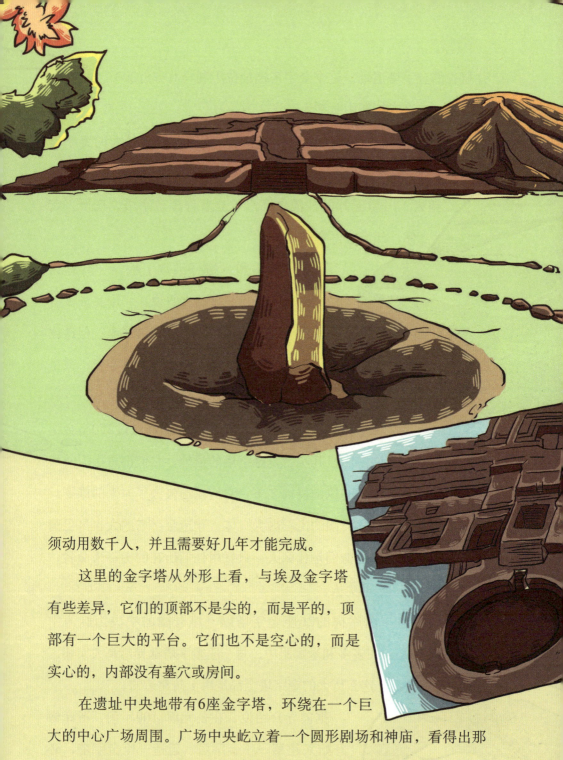

须动用数千人，并且需要好几年才能完成。

　　这里的金字塔从外形上看，与埃及金字塔有些差异，它们的顶部不是尖的，而是平的，顶部有一个巨大的平台。它们也不是空心的，而是实心的，内部没有墓穴或房间。

　　在遗址中央地带有6座金字塔，环绕在一个巨大的中心广场周围。广场中央屹立着一个圆形剧场和神庙，看得出那是一个宗教中心。广场上还有一些房子，有的华丽，有的简陋。而在所有的建筑中，傲视一切的就是主金字塔，它那庞大的长方形平台一直延伸到山腰。

"哇，超级大！大得惊人！"多多目瞪口呆，"到底有多大呀？"

路易斯大叔说："这是著名的卡拉尔金字塔，它可以说是秘鲁最大的金字塔了。它的高足有18米，底座由一个相当于4个足球场大的平台构成。"

卡拉尔金字塔的平台四周是由岩石堆砌而成的环形回廊。经过走廊，他们走到这座金字塔的面前。

米娜用手轻轻抚摸着金字塔，仔细观察着，说："我刚刚看过昌昌古城的土砖，这金字塔的土砖又是什么样呢？咦，这块砖上有一个脚印！"

多多听到米娜的话，急忙过来观看，喊起来："我看到了！这块砖也有一个脚印——这块砖上却是一个螺旋形的图案！"

路易斯大叔也细细观察起来。结果他们在一些保存比较好的土砖上，都找到了图案，除了脚印和螺旋形图案，还有"T"字型、"O"字型、一条斜线等图案。

"土砖上的图案标记，显示了它们不同的生产地点。"向导介绍说。

在这座金字塔底部，他们找到了一条通往上方的倾斜通道，这也是唯一的一条通往上方的通道。沿着这条长达120米的通道，三个人往金字塔的上方走去，中间经过了复杂的可封闭的出入口，以及用来管制出入的房间。

他们爬到顶部，在中央看到有一片比较高的平台，以及一些房间的遗址。虽然只剩下了残垣断壁，但在残破的墙壁上，还残留着色彩鲜艳的壁画，可以想象以前曾经装饰得十分华丽。

"原来住在这里的人一定很富有吧？"米娜说。

"没错。"向导说，"考古学家还在这些房间外面发现了许多食物的遗迹，有羊驼和大鱼的骨头，很明显这是富人的食物。"

在这些房间的后面，有一间厨房。向导介绍说，考古学家在这里发现了烤箱，以及锅具的残片，还有许多木炭、植物种子和动物骨头等。继续往下挖掘，考古学家挖出了很多

食物残骸。另外，考古学家在这里还发现了一具约35岁的男性遗骸，根据他佩戴的珠宝和头饰，推测出他属于统治阶层。

在厨房的另一侧，还有成排的房间，被当作工作间和储藏室。而金字塔的最前方，是一片开阔的场地，用来举行公开的仪式。

种种迹象表明，图库梅的金字塔是兰巴耶克人居住的地方，被当作统治阶级的宫殿。考古学家推断，每一座图库梅的金字塔都住着一位王公。金字塔越大，其王公的权势地位就越高。

"这26位王公为什么都挤在同一个地方呀？"多多问道，"要建成这26座金字塔，得耗费多少人力和物力啊！他们干吗要这么做？"

"这得从古代秘鲁人的信仰说起。"路易斯大叔说，"在古代，

秘鲁的山脉是宗教和法力的中心。而且这里的人相信，神灵能通过自然的力量与人类沟通，雷、闪电等都是神灵的手段。神灵发怒时，就会在人间降临灾祸，而神灵居住在高山地区。

安第斯山脉作为秘鲁最高大的山脉，代表着力量，代表着诸神的无边法力。神灵还利用安第斯山的水源操控着人类的生死，没有了水，这个山谷就会变成荒漠。

科学家认为，兰巴耶克人建造金字塔是为了复制高山，他们希望能捕捉安第斯山的力量，并利用这些力量保护自己。"

当他们参观卡拉尔金字塔上的宫殿时，在土黄色的墙壁上发现了大片泛红色的土层，有近两米高。其中有些石头似乎被烧熔而后又随之冷却，那石头熔化成液体向下流动的样子十分明显。

对于这一点，向导说："这里确实被大火焚毁过，那红色的土层

就是被火烧红的，那些石头也是被火烧熔的。不但图库梅的金字塔发生过大火，在兰巴耶克山谷的其他金字塔群，如建造最早的彭巴格兰德的金字塔，还有巴达格兰德的金字塔，其顶部都发现了明显的焚烧痕迹。"

"那一定是被兰巴耶克人的敌人烧毁的。"多多肯定地说。

"不，考古学家认为是他们自己人烧毁的。"路易斯大叔说。

"啊！"米娜和多多都非常惊讶，"他们为什么要烧毁自己辛辛苦苦建造的家呀？"

对于这个问题的，路易斯大叔给出了一个很长的解释：

秘鲁北部的人认为，火有净化邪恶的力量，他们常用火来净化被恶灵碰过或诅咒过的地方。

考古科学家发现，在巴坦格兰德金字塔区，曾发过洪水，而它附近的马切金

字塔区曾发生过沙尘暴，使那里变成了一片荒漠。

这些浩大的自然灾害是厄尔尼诺现象引发的气候巨变而导致的，直到今天，厄尔尼诺现象依然常给这里带来灾害。但因为当时科学的落后，兰巴耶克人只会将这些自然灾害解释为神灵发怒，这是他们最恐惧的力量，让他们极度恐慌。

这时，金字塔以及住在上面的王公也无法抵挡灾难，不能保护他们。人们认为金字塔受到了诅咒，必须用火净化，并遗弃，然后再去建造新的金字塔。所以，这个山谷才会散落着如此多的金字塔。

至于最后的图库梅金字塔群，考古学家并没有发现这里曾遭受过大的自然灾害，他们烧毁金字塔一定是因为其他的原因。

说到这里，在向导的带领下，他们经过城市两边的一条弯曲的通道，走到了一个很小的建筑前，这个建筑只有三面土墙，都已残破不堪，中央有一块大石头。向导说这是一个神殿，中央的石头代表着高山和神灵。

路易斯大叔接着说："当有灾害发生时，图库梅人就会来到这里向神灵敬献祭品，希望能平息神灵的怒火。在这里，考古学家发掘出许多祭品。到了图库梅文明的末期，这里的祭祀变得非常可怕。

在神殿前面，发掘出了119具人的骸骨，这是人祭，意味着这里发生了非常可怕的事情，人们认为普通的祭品已经不能平息神灵的愤怒，必须要献祭更珍贵的祭品，那就是活人。

考古学家认为，这一切是因为西班牙人在1532年的侵略。他们侵入秘鲁，并在各处烧杀抢掠，甚至杀死了被视为半人半神的印加王。虽然西班牙人没有来到图库梅，但这些传闻令这里的人

极度恐慌，认为这是神灵在发怒，于是人祭出现了。人们越恐慌，献祭的活人就越多，神殿外面渐渐堆满了尸体。

但灾难并没有结束，西班牙人占领的地方越来越多，杀死的人也越来越多，金字塔和王公的保护能力再度失去了效果。人们认为，金字塔受到了邪恶力量的污染，必须要用火净化。于是，他们放火烧毁了金字塔顶部的宫殿，然后遗弃了这里的金字塔，并离开了这个山谷，从此不再建造金字塔。

兰巴耶克文明就此结束。这些人后来去了哪里，没有人能知道。"

# 厄尔尼诺现象

圣诞节前后，在南美洲西海岸的冷洋流区，原本温度较低的海水表层温度会异常升高，并加热了海水上层的大气，进而使各地天气发生变化，原本多雨的地方长时间不下雨，原本干旱少雨的地方却发生洪涝灾害；该凉爽的地方骄阳似火，该温暖的地方却变得十分寒冷……从1950年起到现在，已经发生了十几次厄尔尼诺现象，每次都会带来严重的自然灾害。

## 第9章

# 神秘的纳斯卡地画

　　在人类历史上，有许多不解之谜，其中一个就是位于秘鲁南部的纳斯卡地画，甚至有人说它们和外星文明有关。带着强烈的好奇心，多多等人决定到纳斯卡一探究竟。

　　在汽车驶往纳斯卡的路上，他们看到西边是海水，东边是沙漠。虽然靠近海边，但感觉空气非常干燥。当经过荒漠时，地上铺满了褐色的碎石。此时，他们绝对想不到，纳斯卡地画会与这些碎石有关。

在看到纳斯卡地画前，多多和米娜都觉得，纳斯卡地画应该是由很多条很深的沟组成的，或者是用特殊的方法做出来的，就像麦田怪圈一样奇特。但当导游告诉他们看到的巨大线条就是纳斯卡地画的时候，他们才发现与想象的不一样。导游说，古代的纳斯卡人是把地面的土层和碎石刨开，露出地下白色的岩层来，在深褐色大地的衬托下，十分显眼，这就是纳西卡地画的白色线条。之后，纳斯卡人又

将沙石表面的碎石搬到线条两侧，形成30厘米左右的浅沟。

在这块近千平方千米的沙石地上，散布着许许多多巨大的线条，一般有十几到几十厘米深，长度达到几百米，甚至几千米。在深褐色砂砾的地面上，它们好像是一条条弯弯曲曲的小路。

"路易斯大叔，你曾说过，纳斯卡地画已经存在了近

2000年的时间了。经过这么长时间的风吹日晒和雨淋，它们怎么没有被沙土掩埋，也没有被雨水冲刷掉呢？”米娜问。

　　“这与这一带的气候有关，”路易斯大叔回答，“秘鲁的气候炎热干燥。白天烈日照射，地面上深色的石头吸收了大量热量，又使地表空气的温度升高，并在石头上方形成了一个巨大的热气层，这层热空气就像一把巨大的保护伞，将风挡在外面，使这里很少刮风，即使刮风，也不是强风，因此风的侵蚀微乎其微。

　　另外，这个地区几乎终年不下雨，这也很好地保护了地面上的线条。根据气象专家测算，这里每两年的降雨时间全部加起来，还不超过半小时！这里的地表含有微量的石膏成分，这稀少的雨水又正好使地表变得更结实。

再加上这里的土地非常贫瘠，几乎寸草不生，很少有人会来这里，这些都为纳斯卡地画保存到现在提供了条件。"

他们试图观察这些线条到底组成了什么图案，却因为图案太大，根本无法看清它们的全貌。多多非常着急，使劲往上跳，嘴里嚷着："这到底是什么图案呢？我要怎么才能看到呢？"

"在地面是看不到的。"路易斯大叔说，"必须要从空中俯瞰，才能看清线条的全貌。"

在附近有供游人观看的直升飞机，他们租了一架飞机。在飞机起飞的一刹那，他们都非常激动，因为马上就能看清神秘的纳斯卡地画了。飞机刚起飞时，还能看到绿色的树木和田地，以及人们居住的房

屋。几分钟后，地面的景象就全变成了荒芜的沙漠，可以看到地面有许多干枯的河流。

从飞机上，他们终于看清了这些线条组成的巨大图案。这些图案大致有三种类型：一种是一束一束笔直的直线，以及箭头形状的直线，短的有几十米长，长的有几千米；第二种是简单的几何图形，包括三角形和梯形，每边长达数百米，高有几十米；第三种是比较复杂的动植物图案。

这里共有几十处动物图案，他们认出来不少，有鱼、蜘蛛、秃鹰、蜥蜴、蜂鸟和长卷尾猴……它们都身体巨大，就那只大秃鹰，做出翱翔的样子，真像在天空飞翔一般！还有那只卷尾猴尾巴卷着，栩栩如生！真让人叹为观止啊！

在所有的图案中，最令人浮想联翩的是一个人形的图案，它不像绝大多数纳斯卡图案一样位

于平面上，而是处在一个小山
丘的侧面上的。它也是由
简单的线条组成，最特别
的是它那又大又圆的头和眼睛，样
子看起来很像宇航员，圆圆的头像是宇航员的头盔，圆圆的眼睛
则像头盔上的风镜。

　　当他们还在争论这个人形图案到底是不是外星人的宇航员时，
一个更神秘的图形出现了，那是一个巨大的三角形和一个近似长方形
组合成的图案。一看到这个图案，多多便惊呼道："这太像飞机跑道
了！2000多年前的古代人怎么会有飞机呢，那时大概只有外星人才有
飞机。所以，我认为纳斯卡地画一定是外星人做的。"

　　　　　　路易斯大叔说："虽然很多人也认
　　　　　　为这些地画与外星人有关，但这种想
　　　　　　法太异想天开了。事实上，大多
　　　　　　数学者认为它们是古代秘鲁人

制作的，主要是在纳斯卡文化时期完成，因为这些地画的图案与纳斯卡文化留下的陶器上的图案相比，有很多相似的地方。"

"古代秘鲁人为什么要做这些地画呢？"米娜问。

这时，飞机下方正好出现了一只巨大猴子的图案。向导忙喊道："快看那只猴子！"

那只猴子图案有几百米，从高空来看是一笔勾成的。在遥远的古代，人们是怎么做成的，真是不可思议。

向导说："科学家们用解析几何的方法对这只猴子进行过分解研究，得出了一个令人万分惊讶的结论，如果不经过精确的测量或进行几何图形的计算，是做不出那些弧线和弧度的。当时的纳斯卡人在做这个地画时，一定事先测量好了图形的数据及弯曲的角度，接着一点点地做出线条，然后连起来，这样才能做出这样一个完美的图案。科学家推测，这只猴子做完后，纳斯卡人用它来寻找水源的流向。也有人说，它的下面可能就是当时

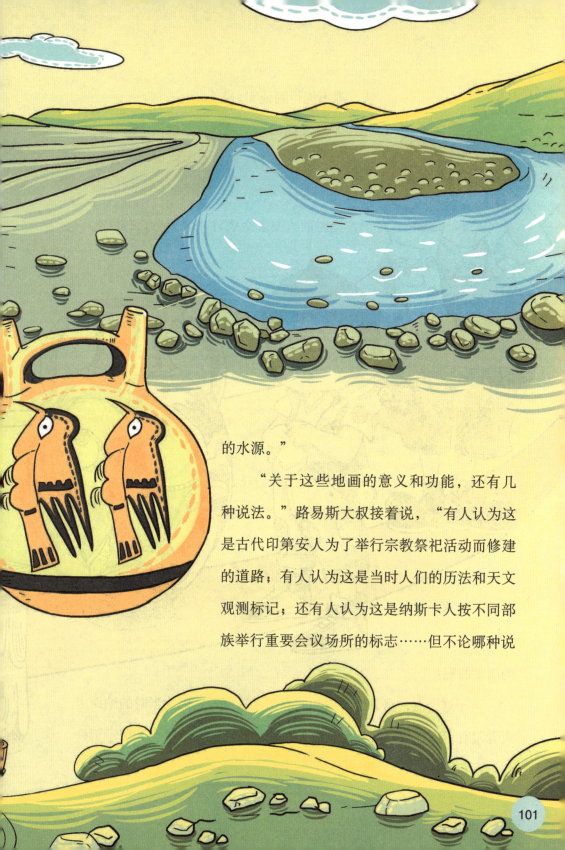

的水源。"

"关于这些地画的意义和功能，还有几种说法。"路易斯大叔接着说，"有人认为这是古代印第安人为了举行宗教祭祀活动而修建的道路；有人认为这是当时人们的历法和天文观测标记；还有人认为这是纳斯卡人按不同部族举行重要会议场所的标志……但不论哪种说法，都不能得到证实。"

米娜又提出一个问题："纳斯卡的地画太大了，在地面上人们根本无法识别。2000年前不可能有飞机，在看不到全貌的情况下，当时的人是怎么设计并制造出这些巨大

的图案的呢？"

关于这一点，路易斯大叔和向导都无法解答，因为当时的纳斯卡人并没有留下任何文字，而且他们早已不知所踪，给现代人留下了许多解不开的谜。

# 纳斯卡文化

纳斯卡文化大约出现在公元前200年~公元700年之间，属于南美洲中早期的印第安文化，位于现在的秘鲁南部海岸的纳斯卡谷地，以及它周围的皮斯科、钦查和伊卡等谷地。陶器是纳斯卡出土的主要文物，开口碗和带把手的泷嘴壶在纳斯卡早期较多，晚期形状就很多了，连模仿人体形状的陶器都有。陶器上绘制了鸟、鱼、兽、人和花草树木等图案，具有自然主义风格，但线条比较生硬呆板。

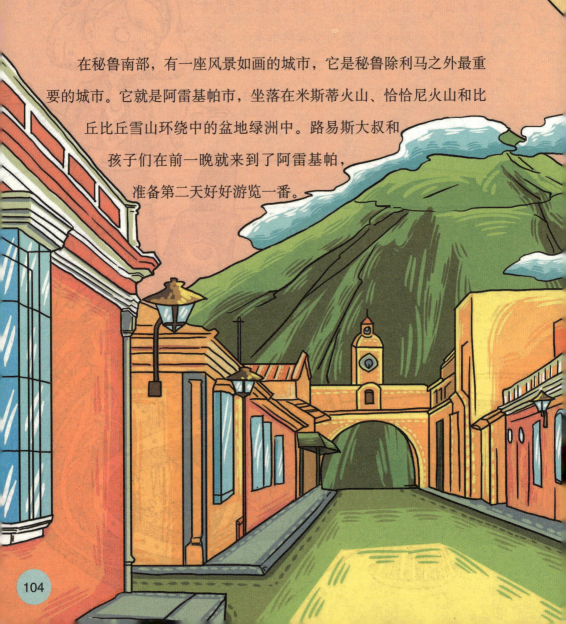

# 第10章

# 白色之城

在秘鲁南部，有一座风景如画的城市，它是秘鲁除利马之外最重要的城市。它就是阿雷基帕市，坐落在米斯蒂火山、恰恰尼火山和比丘比丘雪山环绕中的盆地绿洲中。路易斯大叔和孩子们在前一晚就来到了阿雷基帕，准备第二天好好游览一番。

第二天一大早，他们就出现在阿雷基帕的街道上。抬头远望，蔚蓝的天空中飘散着朵朵白云，映照着远处高大的火山，山顶覆盖着白云。近处则是色彩鲜明的建筑，宽阔的街道两边绿树成荫，鲜花盛开，犹如一幅浓墨重彩的风景画。

这个城市如此美丽，其名字的由来也与它的美丽有关。有这样一个传说：古时候，一列军队护送着印加帝国的贵族来到这里。这里处在连接海洋和库斯科城的重要位置上，又具有绝美的风景，令印加王惊叹不已。他不由地对左右的侍从和大臣说："阿雷基帕。"这句话的意思是"好，我们就在这里住下"。从此，阿雷基帕变成了这座城市的名字。

路易斯大叔说："现在的阿雷基帕是于1540年在古城的旧址上兴建的，是一座古老的城市，已经被列入《世界遗产名录》。"

这座城市虽然是西班牙殖民者修建的，但处处可以看到当地土著文化的特征，房屋建筑融合了欧洲建筑和当地传统建筑的精华。

看到这些房屋建筑，多多和米娜在赞叹它们美丽的同时，也提出了一个问题："这些建筑大多都是白色的，但看起来又不像刷了石灰，那是用什么建的呀？"

"看到远处的米斯蒂火山了吗？"路易斯大叔用手指向远处，"那里曾发生多次火山喷发。在建城之初的几十年，西班牙人是用当地人的建造方法来建筑城市的。但在1600年，米斯蒂火山喷发，引起的大火将全城绝大部分建筑烧毁，只残留了一些坚固高大的建筑。阿雷基帕人只好开始重建，他们就地取材，利用火山喷发出来的白色熔岩来建造房屋，中间还填入沙子、石灰和鹅卵石，使房屋既美观又坚固。

后来，这一独特的建筑风格便确定下来。所以，无论是气势恢宏的教堂、市政厅，还是普通居民的住宅，大多都是白色的。因此阿雷基帕又被称为'白色之城'。"

与其他大城市相比，阿雷基帕没有一座高楼大厦，所有的房屋建筑都比较矮，就连整个城市中最高的教堂也算不上多高，居民的住房则多是平房。平屋顶、内院小、窗户小，这也是阿雷基帕城的一个特点。这是因为阿雷基帕处在地震多发地带，常有地震发生，房屋矮小能避免更多的损失。

城市的中心是美丽的兵器广场。路易斯大叔说："据说，因为当年西班牙人在这里收缴印加军队的武器，才得了这个名字。"

兵器广场充满了欧式风情。广场之上有许多小绿化带，中间大多是一棵或几棵高大的棕榈树，下面是低矮的灌木和草地，有的绿化带前有供游人休息的长椅。走在广场上，犹如行走在公园之间。

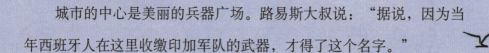

广场上的人非常多，这里还养了很多鸽子。这些鸽子一点儿也不怕人，悠闲地在游人之间走来走去，啄食游人投给它们的食物。

广场周围是市政厅、购物中心和大学校园等主要建筑，其中最恢宏的是阿雷基帕大教堂。在几次地震中，阿雷基帕大教堂曾遭到严重毁损，所以经过多次重建和修复。大教堂的主体是用白色的火山岩建造的，有着高大的拱门和圆柱。

教堂里面凉爽宜人，顶部是穹庐状，两侧有圆形的拱门和方形的柱子，上面雕刻了精美的花纹。每根方柱前面都有一个耶稣门徒的雕像，正中是耶稣被钉在十字架上的雕像。教堂里面的色调以白色和米黄色为主，显得典雅大方。

阿雷基帕最引人入胜的游览胜地是著名的卡德林娜女修道院，它是世界上最大的修道院之一。

　　路易斯大叔说："1580年，这座修道院以城中之城的名义开始建造，在17世纪又进行了扩建。几百年来，生活在里面的修女一直过着与世隔绝的生活，不知道外面的一切。对外面的人来说，它也一直披着神秘的面纱，人们从不知道修道院的高墙内所发生的一切。直到1970年，修道院才向公众开放了大部分地方。"

如今，修道院的北面依旧有修女生活在那里。当地人以及旅游者都可以直接参观修道院的其余部分。

修道院里的街道和小巷都十分狭窄，街道两边的小屋、花草树木都非常精致，古色古香，墙壁上还挂着古老的路灯。在一些广场上，还有小小的花园喷泉。

在大家游览时，女讲解员向大家介绍了修道院的历史："卡德林娜女修道院的创始人是一位富有的寡妇。在过去，成为这里的修女是一件极其荣耀的事情，修女主要来自富人阶层。那些有权有势的西班牙家庭把自己的女儿送进修道院，他们可以向修道院支付一笔赞助，给的赞助费越多，修女在修道院的地位就越高。地位最高的修女可以身穿黑纱，带着三四名女仆，住在修道院的'豪华小区'，还可以从家里带来许多名贵的物品。同时，她还拥有不少特权。

当然，一般家庭也可以不支付赞助费，把女儿送进来成为修女。"

修道院分为蓝区和红

区。蓝区的墙壁上刷着蓝色涂料，在当时蓝色颜料比较稀少，能给房屋刷上蓝色，是一种尊贵的象征。这里就是传说中的"豪华小区"，房间高大宽敞，还有专用的厨房、小花园和专门供女仆住的房间等。红区的墙壁上刷着红色涂料，看起来很鲜艳，但比起蓝区就简陋多了，这里不仅房间窄小，而且厨房和浴室都是公用的。

在一处墙壁上，米娜看到一个奇怪的方形小洞。正当她疑惑这个小洞有什么用途时，女讲解员说："在过去，修女一旦进入修道院，便与外面的世界完全隔离。家里人要想给她们送什么东西，只能通过这

个小小的传送窗。"

路易斯大叔三个人走在修道院迷宫般的街道上，看着那古老的建筑、美丽的广场、似锦的繁花，感觉哪里都迷人，处处有惊喜。他们在这里游览多个小时，还舍不得离去。

接下来，他们要去参观的是阿雷基帕最著名的文化博物馆，它的入口处有一个很不起眼的小红门，找到它不是一件易事。

博物馆里光线很暗，很多地方都不允许拍照。里面最重要的藏品是一具木乃伊——冰雪美人"胡安妮塔侍女"。它被保存在一个常年温度在零下20摄氏度的透明箱里，像婴儿一样蜷缩着身子，身穿红白

两色的服饰。在印加，红色象征生命
和权力，是印加王室专用的颜色；白
色象征有法力的神灵，是
祭司们专用的。

从面容上看，胡安妮
塔是典型的印第安人，不管是
脸还是身体，都保存得跟真人差不
多，只是皮肤因为干燥而显得苍老一些。她的表
情非常安详，没有任何痛苦和惊恐。旁边的一个人
说："她是世界上保存最完好的印加木乃伊。据说它
刚被发现的时候，心脏和肺部甚至还有血液呢！"

"是在哪里发现的呢？才能保存得这么完好。"多多
问道。

那个人回答说："她原来在海拔6000多米的安帕托山峰的顶部，

尸体因为被封冻在冰雪之中，所以保存完好。1995年9月，与安帕托山峰相邻的萨班卡亚火山喷发，使安帕托峰顶的千年冰川融化，胡安妮塔才显露出来，被美国的人类学家约翰·雷恩哈德发现。"

米娜问："印加人为什么要到那么高的雪山上去保存木乃伊？还有，为什么叫她侍女，她是谁的侍女？"

"她不是某个人的侍女，"路易斯大叔说，"而是太阳神的侍者。印加人有一个传统习俗，从婴儿中挑选祭典山神的牺牲品。印加王室从全国的贵族家庭中挑选身体健康、相貌端正的婴儿，送到库斯科集中培养。当遇到大旱或洪涝等灾害时，就挑选孩子作为祭品送到山顶，举行祭山仪式。"

"你说得没错，"那个人又说，"胡安妮塔就是当年被选中的祭品。根据考古学家的检测分析，她身高1.5米，才十二三岁，还是一个孩子呀！"

"这太残忍了！"米娜不忍地说。

路易斯大叔说："可是在印加时代，人们崇拜太阳，有无数印加少女甘愿为太阳神奉献自己的生命。孩子能被选中成为太阳神的侍者是整个家庭的荣耀，这种荣耀甚至是只属于印加贵族家庭的特权。"

这番话让两个孩子嘘唏不已。

当三个人走出这个博物馆时，已到傍晚时分。在夕阳的照射下，远处的雪山闪烁着彩色的光芒，与近处的点点灯光相呼应，给整座城市增添了一抹神秘而静谧的色彩。

多多和米娜都觉得这一趟秘鲁之行实在太美妙了！

# 米斯蒂火山

　　米斯蒂火山又称阿雷基帕火山，坐落在阿雷基帕城东北16千米的地方，海拔约5821米。在1600年，它最后一次喷发，之后一直休眠。它的火山锥是完整的圆形，十分壮丽，上面终年覆盖着白雪。外形与日本富士山非常相似，因此被称为"秘鲁富士山"。

　　米斯蒂火山由坚硬的火山岩和粉末状的火山灰组成，坡度很陡。从山下能清楚地看到火山岩和火山灰纵向相间排列。火山灰像泥沙一样，非常松软，所以如果上山，往往要从凹凸不平的火山岩处走过。